LES GRANDES ERREURS HISTORIQUES

LES FAUX CELTES ::
LES FAUX GALLOIS
LES FAUX ROMAINS
LES FAUX IBÈRES ::
LES FOLS OCCITANS

L'ORIGINE DES NOMS DE PEUPLES

PAR

JULIEN BOUVRON

PARIS

IMPRIMERIE DE LA PRESSE FRANÇAISE
10, rue du Faubourg-Montmartre
Tél. : Louvre 41-37

1922

LES GRANDES ERREURS HISTORIQUES

Les faux Celtes et les faux Gallois

On a souvent comparé la linguistique à l'histoire naturelle, au point de vue, notamment, de l'imperfection première et des progrès de leurs méthodes. Le caractère distinctif de la science est de tendre indifféremment ses toiles au-devant de toute capture, de saisir, dès qu'elle l'aperçoit, la moindre particularité, de la préciser et de la soumettre à un minutieux examen, sans s'inquiéter des conséquences auxquelles aboutissent ses recherches.

Dans le langage, de même que dans la nature en général, rien n'a été fait sans but. Tout obéit à des lois immuables ; les moyens les plus simples suffisent aux plus grandes choses ; les merveilles sont partout, le prodige nulle part.

Les deux faits étranges, et relevant véritablement du prodige, que la philologie moderne nous demande de tenir pour établis sont : 1. la substitution du *latin vulgaire* au *celtique*, qui se serait effectuée vers le premier siècle de notre ère ; 2. la survivance de la langue celtique dans les idiomes bretons, cambriens et irlandais.

Pour échafauder son système, la philologie a été obligée d'inventer un type de *celtique insulaire*, que l'antiquité n'avait pas connu, et de considérer ce celtique imaginaire comme étant le témoin de la défaite et de la disparition du *celtique continental*.

Pour prouver la conquête de toutes les Galies, et notamment de l'ancienne Celtique, par le *latin populaire*, Diez et ses disciples nous ont montré l'accord fréquent des langues dites anciennement *welsche* en allemand, accord qui, d'après eux, ne peut se supposer que dans l'idiome populaire des habitants de la ville de Rome : puisque Rome a effectivement conquis par les armes tous les pays parlant une langue welche (sauf, toutefois, la Valachie). Cette substitution de langue est d'autant plus évidente pour les romanistes, qu'ils ont remarqué que le *roman* ou *latin vulgaire*, ne ressemble en rien au « *celtique* » des Bretons, au « *gallois* » des Cambriens, au « *gaélique* » des Irlandais. Mais il aurait fallu d'abord établir que ces dernières langues ont quelque analogie avec le celtique des Anciens ; il aurait fallu juger que les qualités qu'une philologie en enfance leur avait attribuées à la légère n'étaient point usurpées.

Pour l'historien consciencieux, il n'a jamais existé de populations celtiques dans les Iles britanniques. On chercherait en vain dans les textes une phrase, un mot, pouvant laisser supposer que les anciens Bretons étaient de race celtique. En désespoir de cause, et par une inconcevable aberration, celtomanes et celtisants en ont été réduits à invoquer le témoignage de César et de Tacite.

M. Dottin, après beaucoup d'autres, voudrait faire dire à César que « les *Celtes* des Iles britanniques se rapprochent des *Galli*, à la fois par la langue, la religion et la bravoure ». Or, César n'a pas parlé de « Celtes des Iles Britanniques ». Les deux passages de sa relation, considérés comme suggestifs par l'éminent professeur rennais sont : « Les *Venetes* demandent des secours à la Bretagne » (III,9) ; « Instruits de son projet par les rapports des marchands, les Bretons envoient à César des députés de plusieurs cités » (IV, 21). Mais comment ne pas se rendre compte que le fait pour des peuples d'entretenir des relations commerciales, et même d'être susceptibles de se prêter assistance, n'implique pas nécessairement une langue commune ? Au contraire, pour les Anciens, qui dit deux peuples, dit deux langues. César a d'ailleurs pris soin de noter, dès la première phrase de son livre, qu'il y avait en Galie, trois peuples : *Belgae, Celtae* et *Aquitani*, parlant trois langues différentes.

Les celtisants voudraient, malgré tout, que ces trois langues aient été semblables, qu'elles n'en aient formé qu'une seule, qui aurait été elle-même analogue à la langue unique qu'ils imaginent avoir été parlée jadis dans les Iles Britanniques. Ils tirent cette hypothèse du fait que, d'après César, certains druides allaient étudier dans l'île de Bretagne, ce que, à leur avis, ils n'auraient pu faire s'ils n'avaient pas connu le « breton ». Mais le fait que les prêtres catholiques connaissent le latin empêche-t-il la masse des fidèles d'ignorer cette langue ? Et, d'autre part, les prêtres, comme les sorciers, n'ont-ils pas eu besoin, généralement d'un langage spécial, inconnu des non-initiés ? Il est possible que les druides aient fait usage d'une sorte de breton dans leurs cérémonies ; ce qui est certain, c'est qu'à l'époque du druidisme, les prêtres devaient connaître une langue mystérieuse, et il importait peu pour le peuple qu'elle fût bretonne ou hellénique.

Il est donc pour le moins hasardé de tirer du druidisme cette conséquence qu'une même langue celtique était parlée, du temps de César, par toutes les Galies et les Iles Britanniques.

C'est pourtant ce que les celtisants voudraient encore faire dire à Tacite. Or, pour

Tacite, l'origine des Bretons est incertaine ; il note la diversité de leur nature physique et voit en eux trois races distinctes : les *Calédoniens*, dont les traits décèlent une origine germanique ; les *Silures*, au teint basané, qui pourraient peut-être descendre des Ibères ; enfin les plus proches de la Galie, qui ressemblent, dit-il, aux Galais, « soit par l'influence d'une même origine, soit que la nature seule les ait marqués de ces caractères ». Et Tacite ajoute : « Tout porte à croire que les Galais sont venus s'établir sur une terre si voisine ; on y retrouve le même culte fondé sur les mêmes superstitions ; le langage ne diffère pas extrêmement. »

Ainsi, de même que César a vu, en Galie, trois peuples et entendu trois langues, Tacite, non moins clair, nous montre en Bretagne trois races dissemblables, et dont une seulement parle un langage qui se rapproche de celui des Belgais. Mais dans les *Mœurs des Germains*, le même Tacite déclare qu'un peuple de la Germanie, les Gothins, parle galais, tandis que « les Estyens, qui habitent la rive droite de la mer Suévique, parlent une langue qui se rapproche beaucoup du breton ». Cette comparaison ne montre-t-elle pas que le breton n'était pas une langue galaise ; et que, s'il y a eu des colonies galaises dans l'île, elles ne parlaient pas breton ? Le breton était parlé par les peuples de l'intérieur de la Bretagne, que la tradition, aux dires de César, représente comme indigènes ; la partie maritime seule était occupée « par des peuples que l'appât du butin et la guerre ont fait sortir de la *Belgique* ».

S'il y a eu des colonies *galaises* dans l'île — et l'histoire le dit et le sens du mot *Gal* (étranger) en breton le confirme — elles n'étaient point de même race que les populations indigènes ; en outre, elles étaient sorties de la Belgique et non de la Celtique.

Tous les auteurs grecs et latins qui ont parlé de l'île de Bretagne, ont pris soin de la distinguer de la Galie.

Comme l'a noté M. Dottin « les *Celtes* des Iles Britaniques ne sont jamais désignés sous ce nom par les Anciens », et comme l'a remarqué M. Loth le nom de *Celte* est inconnu des Bretons et des Irlandais.

*
* *

Si les Anciens ont toujours distingué les îles Britanniques de la Celtique, beaucoup ont remarqué la parenté des peuples établis des deux côtés du Rhin ; et plusieurs même, comme Diodore de Sicile, ont confondu les Celtais et les Germains. Il est vrai que le même Diodore dit également qu'un peuple de la Galie, les Eduens, était uni aux Romains « par une antique parenté et une amitié qui a duré ».

Plusieurs auteurs nous disent que les Germains ressemblent beaucoup aux Celtais, dont ils sont les frères, comme le nom même de *Germains* l'indique.

« Ces deux peuples, dit Strabon, sont frères par leur nature et par leurs institutions politiques. De plus, ils habitent des contrées limitrophes que sépare seul le cours du Rhin et qui, presque à tous égards, se rapprochent l'une de l'autre... C'est là même ce qui leur rend les migrations faciles; ils se transportent en bandes, par levées en masse ; mieux encore, ils partent avec tout ce qui est à eux, lorsqu'ils sont chassés de leurs terres par des étrangers plus forts ».

Le même Strabon note la remarquable prolificité des populations de la Galie : « Ces populations, dit-il, sont très nombreuses ; la preuve en est qu'on pouvait, dit-on, compter jadis jusqu'à trente myriades de Belgais en état de porter les armes. On a déjà parlé de la multitude des Elvettiens, de celle des Arvernais et de leurs alliés, et par là, se voit combien nombreuse était la population de la Celtique et combien est vrai ce que j'ai dit de la supériorité des femmes de ce pays comme mères et comme nourrices. »

Cette richesse incomparable de la Galie a été également admirée par César, qui l'oppose à la pauvreté de la Bretagne et de la Germanie, et, effectivement, dit Duruy, il en tira assez de trésors pour acheter le peuple romain. « Il faut croire que la population était extrêmement nombreuse, puisque, malgré la richesse du pays, l'accroissement incessant de la population obligeait des multitudes à s'expatrier. »

C'est un fait incontestable devant l'histoire que ce sont des populations *galaises* ou *celtaises* qui ont peuplé les péninsules ibérique et italique, de même que la Mœsie. Et, chose curieuse, ce sont exclusivement ces populations *celtaises* qui auraient été sensibles à la « romanisation »; et ce sont les seules qui emploient le thème pronominal *cel* !

Il faut remonter au XVIII° siècle, avant que la celtomanie eut complètement brouillé les idées, pour trouver une définition juste de la Celtique.

Nos vieux dictionnaires du XVIII° siècle expliquent ainsi le mot *Celte* : « ancien peuple des Gaules » ; et s'ils font allusion aux Celtes d'Espagne, aux Celtes d'Italie et aux Celtes du Danube, ils ne font pas mention des Celtes de Bretagne et d'Irlande. Expilly (en 1764) n'en souffle mot ; Moreri (en 1759) les ignore, et fait remarquer que les plus anciens auteurs grecs, comme Hérodote donnent indifféremment le nom de *Celtes* aux « Gaulois » et aux Alemands : que d'autres le donnent aussi aux Espagnols, qu'ils nomment Celtibériens ; mais, ajoute-il, ceux qui ont examiné de plus près ce nom, comme Polybe, Diodore, Plutarque, Ptolémé, Strabon, Athénée, Josèphe, etc., ne le donnent qu'aux Gaulois originaires, c'est-à-dire à des peuples des Gaules.

La signification du mot *Celte*, telle qu'elle a eu cours jusqu'à la fin du XVIII° siècle a été résumée parfaitement par le *Dictionnaire* de Trévoux (1771) : « Les *Celtes* était un peuple de l'ancienne Gaule, que César partage en trois nations : les *Celtes*, les Aquitains et les Belges. Les *Celtes* occupaient tout ce qui s'étend entre la Garonne et la Seine, séparés des Aquitains par la Garonne et des Belges par les deux autres fleuves. César dit que *Celte* était un nom de la langue de ces peuples et que les Romains les nommaient Gaulois. »

Le même auteur note, avec raison, que les *Celtibères* étaient des Celtes qui étaient passés de Gaule en Espagne et s'étaient fixés sur le bord de l'Ebre ; tandis qu'un autre peuple d'Espagne, les *Celtiques* était une colonie de Celtes qui s'établirent sur la côte occidentale, depuis le Douro jusqu'au cap Celtique.

Au XVIIIe siècle, l'opinion la plus générale était que la langue celtique était une sorte de tudesque. Pour Furetière, la tudesque, c'était la langue celtique elle-même. Telle était aussi la définition donnée par le *Dictionnaire de Trévoux* : « TUDESQUE, *lingua Celtica, vetus Teutonica.* » Ces auteurs ont d'ailleurs pris soin de remarquer que le tudesque était fort différent de l'allemand moderne.

Le philosophe allemand Leibnitz, dont la vaste érudition a aussi embrassé la linguistique, prétendait que les Teutons étaient les plus anciens des Celtes ; mais il n'en a pas donné de preuves convaincantes, ayant ignoré, comme ses contemporains la signification du mot *Celte*.

C'est le bénédictin breton dom Pezron, qui, croyons-nous, donna le premier le nom de celtique au langage des Bas-Bretons, et qui distingua les Teutons des Celtes. Il émit l'opinion, que les seuls « Gaulois » étaient les vrais Celtes ; mais il eut le tort de croire que les Bas-Bretons avaient conservé l'ancienne langue des « Gaulois » et de ne pas vouloir envisager l'hypothèse que cette langue pouvait être celle que les Bretons appellent *gallek* et, en tout cas, ne pouvait être le *brezonnek.*

Bientôt, avec Le Brigant et La Tour d'Auvergne, la celtomanie se développa, pris de l'audace et déclara péremptoirement que le français venait du bas-breton, et même que la langue bretonne était celle parlée dans le paradis terrestre.

De ces folies étymologiques, il n'est pas resté grand'chose, sauf la bizarrerie de croire que le breton et l'irlandais sont des langues celtiques !

Mais l'opinion que le tudesque était celtique fut dès lors abandonnée et l'idée commença à prévaloir que la langue *galaise* (ou gauloise) avait été refoulée par les conquérants romains dans l'Armorique où elle aurait vécu pendant plusieurs siècles à la faveur de son isolement ; cette tradition du celtique aurait été ravivée au VIe siècle, par l'immigration des Bretons chassés du Pays de *Galles*, lesquels immigrants auraient trouvé une population de même langue, de même race et de mêmes mœurs pour les accueillir fraternellement. C'était complètement ignorer l'histoire de l'émigration bretonne en Armorique, et l'histoire de Bretagne du Ve au Xe siècle, qui n'a été qu'une lutte terrible entre les nouveaux arrivants et les premiers occupants et qui témoigne d'une haine violente entre les deux races, haine qui a duré et qui n'est encore pas complètement éteinte.

La thèse développée par La Borderie que l'établissement des Bretons en Armorique se serait fait sans lutte a été réfutée par M. Loth, qui a montré que cet établissement s'est fait violemment, et que si les Bretons sont venus en Armorique, c'est qu'ils ne pouvaient aller ailleurs.

« Guerres continuelles, ravages incessants chez les *Gallo-Romains* de Vannes, Rennes et Nantes, pour lesquels ils semblent nourrir une haine profonde ; dissensions intestines, meurtres chez eux, tels sont les traits principaux de l'histoire de Bretagne depuis le VIe siècle jusqu'au IXe... Waroch fait d'horribles ravages dans le pays de Rennes ; il met tout à feu et à sang et emmène les habitants en esclavage (579)... En 587, Waroch et un autre chef breton, Vidimaclus, pillent le territoire de Nantes... Peu près, Waroch va enlever tout le vin de Nantes et l'emporte dans son pays. En 588, nouveaux ravages des Bretons ; les habitants du Nantais et du Rennais sont emmenés en captivité. Les ravages recommencent en 590... En 594, Childebert envoie une nouvelle armée contre les Bretons, qui ne cessaient de désoler les pays de Rennes et de Nantes...

« Les écrivains mérovingiens et carlovingiens ne nous entretiennent que des guerres des Bretons contre les Francs... Les « Gallo-Romains » de la péninsule, exposés à des ravages continuels ou durement traités s'ils se trouvaient sous la domination des Bretons, leur témoignaient de leur côté une profonde aversion. »

Dans sa thèse sur l'émigration bretonne, le savant M. Loth nous a donné encore plusieurs autres exemples « prouvant, dit-il, jusqu'à l'évidence que la domination des Bretons s'est établie par la violence dans une bonne partie du territoire occupé par eux »

Voilà pour la question des races et la prétendue affinité des Bretons et des Armoricains.

Pour la question de langue, M. Loth a fait la constatation, après M. de Courson, que, « partout où les Bretons insulaires ne se sont pas établis, les noms de lieux sont « gallo-romains », les noms d'hommes sont latins ou germaniques. Partout, au contraire, où les Bretons s'établissent, les noms d'hommes et de lieux présentent le caractère *celtique*.

Mais, en déclarant que ces noms sont *celtiques*, le savant M. Loth tombe dans le préjugé. Ils sont *celtiques*, selon lui, parce qu'ils sont les mêmes qu'en Galles et en Cornouailles. Mais il avoue ignorer si le breton était « plus étroitement apparenté au *gaulois* qu'au *goidélique* », les restes de la langue gauloise n'étant pas assez importants, selon lui, pour permettre de trancher la question.

En somme, M. Loth, en savant consciencieux, n'a pu nous dire quelle était l'origine des mots *Cellae* et *Galli*, et c'est tout à fait arbitrairement qu'il donne le nom de *cel-*

tique à ce qui est foncièrement étranger à la Celtique des Anciens et qu'il oppose l'un à l'autre deux termes qui sont historiquement synonymes.

Telle est la faute dans laquelle est également tombé M. Dottin, dans son *Manuel de l'antiquité celtique*. Quand il écrit : « Il semble naturel, pour se renseigner sur les Celtes, de s'adresser tout d'abord aux Celtes eux-mêmes... », il émet une vérité de simple bon sens. Mais quand il ajoute aussitôt : « ... aux Gaëls d'Irlande et d'Ecosse, aux Bretons du Pays de Galles et de l'Armorique », il tombe dans le paradoxe. Il faudrait d'abord montrer que ces peuples sont « les Celtes eux-mêmes ». Les travaux de M. Dottin, aussi bien que ceux de M. Loth, conduisent nécessairement à cette idée qu'il n'y a jamais eu de Celtes dans les îles britanniques.

M. Dottin a remarqué que les Romains désignèrent tous les Celtes sous le nom de *Galli*. Si les Bretons étaient Celtes, ils seraient donc forcément Galais ou Gaulois, et il n'y aurait jamais eu deux Bretagnes : la galaise et la bretonnante. Mais si, devant l'histoire, tous les *Celtae* étaient *Galli*, par contre tous les *Galli* n'étaient pas *Celtae*. Ces derniers ne constituaient qu'une fraction, la plus importante des *Galli*, il est vrai ; il y avait encore les *Belgae* et les *Aquitani*. De ces trois peuples, ce sont les *Celtae* qui ont essaimé, colonisé et peuplé la péninsule ibérique. l'Italie et les bords du Danube, en conservant la langue des ancêtres.

" Lingua celtica " était synonyme de " Lingua gallica "

Pour désigner la principale langue parlée en Galie, les auteurs ont employé, indifféremment, jusqu'au ve siècle, les termes *lingua celtica* et *lingua gallica*, qui, apparemment, à cette époque, étaient encore synonymes. Au ve siècle, la langue celtique était certainement la seule en usage dans le peuple, puisque Sidoine Apollinaire nous dit que même les nobles d'Auvergne la parlaient encore. L'apostrophe que Sulpice Sévère a placée dans la bouche d'un Aquitain : « Parle, même celtique, ou, si tu veux, galais, pourvu que tu nous parles de Martin » montre à l'évidence qu'il n'y avait rien de changé dans le langage depuis César.

A partir d'Ulpien, préfet du prétoire, au IIIe siècle, la législation romaine autorisait, devant les tribunaux, le témoignage en langue galaise, aussi bien qu'en grec, en syriaque et en punique. Justinien, au VIe siècle, dans ses *Pandectes*, renouvelait ces décisions, ce qui démontre que le galais était toujours une langue courante.

A partir du ve siècle, c'est-à-dire après la chute de l'Empire romain, le mot *celtice* disparaît des textes, mais le mot *gallice* subsiste et s'est perpétué jusqu'à nos jours. Les auteurs des époques mérovingiennes et carlovingiennes traduisent plusieurs phrases qui furent prononcées en

sermo gallicus, lingua gallica ou *gallico sermone*.

Le qualificatif *roman* n'a aucune valeur linguistique.

Lorsque les auteurs latins du moyen âge, dit Schlegel, parlent de *lingua romana*, ils peuvent entendre par là des dialectes fort différents, selon l'époque ou la province où ils vivaient. Ceci doit être dit aussi des auteurs en langue vulgaire de la même époque, soit au nord, soit au midi de l'ancienne Galie.

Le mot *roman*, dit Chabaneau, sous la plume des uns et des autres n'avait pas plus de précision que le mot *vulgar*, qui lui sert souvent de synonyme. Il désignait, par opposition au latin, la langue vulgaire respective de ceux qui employaient ce terme.

Mais l'expression *lingua gallica* ou *gallicana* a toujours désigné expressément la langue française.

La féodalité linguistique

La doctrine actuelle de l'Université, qu'on ne peut discuter sous peine d'hérésie, soutient que tous les peuples galais ou d'origine galaise ont été romanisés ; qu'ils perdirent rapidement l'usage de leurs idiomes nationaux auxquels ils substituèrent d'enthousiasme, non pas le latin classique qui aurait dû s'imposer, mais le « latin vulgaire des soldats et des colons obscurs ». Nos bons philologues veulent dire par là, évidemment, que ces soldats et ces colons, ils les entrevoient dans l'obscurité du rêve, car, après la conquête, les Romains ne laissèrent qu'un millier de soldats dans l'intérieur de la Galie, et ils songèrent d'autant moins à coloniser l'Empire, qu'ils n'en avaient pas les moyens ; ils manquaient d'hommes et furent obligés de faire appel aux Barbares pour entretenir leurs légions et garder la frontière du Rhin. Au temps de l'Empire, si l'on peut noter l'établissement de quelques colonies teutonnes dans la Celtique (de César), on ne pourrait découvrir la trace d'une seule colonie romaine. La famille romaine, très inféconde, n'était pas susceptible d'expansion... La sodomie ne peuple pas...

Mais nos modernes romipètes ne sont pas arrêtés par des considérations si vulgaires. Ils jettent l'anathème à qui se permet de contester l'importation, dans les Galies, par les soldats et colons romains, d'une nouvelle langue, prodigieusement transcendante et prestigieuse, qui se serait substituée incontinent aux parlers celtiques, qui aurait régné, en dépit du latin officiel, de l'Atlantique à la mer Noire ; qui se serait maintenue inaltérée pendant plusieurs siècles ; puis, enfin, qui se serait scindée brusquement en de nombreux dialectes très distincts, sous la poussée centrifuge de la Féodalité.

Cette explication de la variété dialectale est plus simpliste que réaliste. Elle résulte de préjugés invétérés et ineptes sur le moyen âge. Elle n'a pu être donnée que par des savants qui ne connaissaient pas grand'chose de l'histoire du peuple et rien du tout de la géographie linguistique.

Bien loin de créer les dialectes ou patois, ce qui n'était pas dans son pouvoir, le système féodal les a trouvés pleinement constitués, et il les a placés, non par sa puissance propre, mais par la force des choses, dans un état d'interdépendance progressive. Le régime féodal n'a pas séparé les populations par des barrières infranchissables ; au contraire, il a mélangé et amalgamé des éléments souvent disparates. Par exemple, pour ne citer qu'un cas, les comtes d'Angers et les comtes de Nantes en englobant dans leurs domaines des populations poitevines de la rive gauche, ont aidé à la fusion de deux types ethniques très distincts, et cette fusion, au xxᵉ siècle, n'est d'ailleurs pas encore complète, au point de vue linguistique.

Comme les limites des fiefs étaient essentiellement mouvantes, elles ne pouvaient jamais correspondre exactement à un domaine dialectal; et par suite de leur instabilité même, elles multipliaient les occasions de frottement entre des parlers qui s'étaient surtout particularisés à la faveur de l'isolement et de la force d'inertie.

Ce serait une erreur profonde de croire qu'une longue période de tranquillité et de désarmement comme la paix romaine vers le iiᵉ siècle, était plus favorable à la fusion des parlers régionaux qu'une période de bouleversements sociaux et de guerres nationales.

Le fait est que la langue française, encore hésitante et diverse au début de la féodalité, était définitivement constituée à la fin du régime féodal, avec ses règles essentielles, ses gallicismes et son aspect moderne.

Des guerres comme la guerre de Cent Ans ont puissamment contribué, non seulement à l'unité de l'esprit national, mais encore et surtout à la fusion des dialectes.

« On peut, observe Littré, suivre la marche, les influences, les mutations de ces dialectes pendant environ deux siècles, le xiiᵉ et le xiiiᵉ... Quand le xivᵉ siècle s'écoule, l'usage des dialectes diminue et il ne tarde pas à s'éteindre. Une langue littéraire commune prévaut. »

*
* *

Outre les guerres, il ne faut pas oublier que le commerce intérieur en France a été le convoyeur direct du langage.

Comme l'a remarqué Nisard, ce n'est guère qu'à la fin du ixᵉ siècle, au début du régime féodal que le commerce intérieur a commencé à se déployer, à mêler davantage les populations et les dialectes. Malgré l'opinion généralement admise, les transactions commerciales n'avaient, d'ailleurs, jamais été interrompues après la chute de l'Empire romain ; elles n'avaient fait que se développer sous les rois Francs. De Clovis jusqu'à Hugues Capet, les chemins et les fleuves étaient ouverts au négoce.

Si le ixᵉ siècle a vu l'avènement de la langue galaise littéraire, c'est que cette langue unitaire était déjà en gestation dès le vᵉ siècle, époque de l'établissement des premières grandes foires.

La plus anciennement connue, en France, paraît être la foire de Troyes, dont il est fait mention dans une lettre de Sidoine Apollinaire, vers la fin du vᵉ siècle. Deux siècles après, le bon roi Dagobert fondait la foire de Saint-Denis, dite du *Lendit*.

Par l'édit de Piste, rendu en 884, sous la Minorité de Charles le Simple, l'établissement de **foires** ne pouvait avoir lieu sans la permission royale.

C'est à partir du xiiᵉ siècle, que les grandes foires, comme celles connues sous le nom de foires de Champagne et de Brie, acquirent une vogue européenne. Il y venait des négociants de toutes les provinces de France et de l'étranger.

La durée de chacune des foires de Champagne et de Brie étant de six semaines, et le nombre en étant de six par an, c'était, par conséquent, près de neuf mois de foires sur douze. De ces rendez-vous périodiques et à peine interrompus, aux mêmes lieux et aux mêmes époques, de gens différant entre eux de dialectes ou de patois, du nombre et des variétés infinies des opérations qui s'y accomplissaient, enfin du besoin pour les contractants de s'entendre entre eux, il dut résulter l'emploi de certaines formes de langage intelligibles à tous, et qui, reprises à chaque foire, devinrent à la longue communes et définitives.

« L'unification de la langue doit sans doute quelque chose, comme l'a fort bien dit Nisard (dans son étude sur l'ancien patois de Paris), à ce mélange d'hommes qui hantaient les foires et qui y faisaient leurs affaires sans truchements ; elle s'en est ressentie certainement dans une proportion notable, et si on ne l'a jamais signalée, c'est parce qu'on ne l'a jamais étudiée. »

Le " Latin vulgaire "

Ce que les philologues ont baptisé « latin vulgaire », ce sont les vocables, les formes et les tournures exotiques qui ont rongé promptement le latin du grand siècle et qui, après l'avoir anéanti en tant que langage vivant, se sont perpétués jusqu'à nos jours et résonnent encore à nos oreilles avec l'accent de la pureté, de la clarté et de l'éternelle jeunesse.

Ces idiomes sont dits aussi « néo-latins », et le terme n'est guère exact, car personne n'a jamais tenté de démontrer sérieusement qu'ils sont nés spontanément sur les bords du Tibre, ni qu'ils ont été allaités maternellement par la louve romaine. Très dissemblables du latin classique, ils ne peuvent avoir eu Rome pour berceau, car un peuple ne change pas son vocabulaire et sa grammaire s'il n'est pas soumis à des influences extérieures.

Quel que soit le nom qu'on leur donne, les langues dites « néo-latines » sont douées d'une forme propre, d'un caractère particulier ; si, depuis deux mille ans, ce langage s'est développé, a changé d'aspect, de couleur et de forme extérieure, suivant les contrées, sa nature n'a pas varié. Ainsi que l'on a remarqué le grand romaniste Mayer-Lübke, « le lexique de la Galie, aux premiers siècles de notre ère, est quelque chose d'essentiellement différent du latin, mais non du français. » C'est un idiome analytique et non synthétique, tendant à immobiliser les flexions des mots, à les armer de pronoms, de particules prépositives, et à distinguer les personnes du verbe à l'aide des pronoms personnels. Il est difficile de reconnaître à ces traits la nature essentielle du latin, et comme la forme des vocables, mobile, capricieuse, incertaine, n'est qu'un détail extérieur, on est obligé de reconnaître dans ce jargon barbare la langue moderne des Galies gauchement latinisée par les scribes de l'époque.

Il est insensé de croire que le « latin rustique » ait pu naître spontanément dans Rome, par suite d'une évolution naturelle de la langue des Romains. Il y est venu de l'extérieur, c'est-à-dire des Galies. Son influence ne pouvait manquer de se faire sentir dans la cité latine, où les étrangers affluaient, où le nombre des esclaves, des trafiquants, des soldats, des artisans avait dépassé, dès le temps de la République, le chiffre des citoyens.

Cette invasion est prouvée par le témoignage des auteurs anciens, qui constatent la décadence et la décomposition du latin dans Rome même. Quintilien en a fait mention ; Isidore en signale les funestes conséquences ; le mal s'accrut si rapidement que, sous Septime-Sévère, Tertullien accusait les Romains d'avoir renoncé au langage de leurs pères.

Mais la situation était irrémédiable ; car le nombre des Romains de vieille souche diminuait de plus en plus, par suite des mœurs déplorables et de la *dénatalité*. Les vides étaient comblés par l'importation incessante de matériel humain, d'esclaves, dont beaucoup furent affranchis et dont quelques-uns parvinrent aux plus hautes charges. Ce sont ces nouveaux venus qui apportèrent avec eux le soi-disant « latin vulgaire », dont l'influence commença promptement à se faire sentir.

L'affaiblissement des lois des déclinaisons, dont la régulière observance exigeait, parmi le peuple, une homogénéité de prononciation qui n'existait plus, amena la révolution de la syntaxe. La décadence précipita sa marche : les cas se confondirent ; l'emploi des prépositions, des pronoms se multiplia, et on abusa du verbe « avoir » en tant qu'auxiliaire.

Ainsi, le latin, langue artificielle de marchands, sorte d'espéranto de la Méditerranée, présente, dans son histoire, un caractère essentiellement instable : il ne brille guère que pendant un siècle et alors qu'il aurait dû être fixé à jamais, dans sa forme la plus parfaite, il ne tarde pas à se décomposer, à se laisser envahir par les autres idiomes de l'Italie, qui finissent par l'étouffer complètement.

Mais un fait extraordinaire devait venir en perpétuer l'usage restreint à une petite élite.

Les pères de l'Église romaine comprirent de bonne heure le profit qu'ils pourraient tirer de ce langage désormais figé pour constituer l'unité religieuse nécessaire.

Le latin devint ce qu'avait été le sanscrit dans l'Inde et le grec dans les premiers temps de l'Église, une langue hiératique et sacrée, objet d'une étude scientifique et destinée à contenir le dépôt des croyances, ainsi que le principe de l'orthodoxie. Investi de cette mission sacerdotale, le latin pur, comme on l'entendait alors, fit son entrée dans les Galies, avec les évêques qui vinrent y planter la croix ; il fut enseigné dans les collèges et séminaires, mais non au peuple, ce qui aurait été une entreprise insensée ; car, si le peuple avait parlé latin, cette langue n'aurait plus été mystérieuse comme il fallait qu'elle fût.

Après la chute de l'Empire, deux pouvoirs centralisateurs dominèrent la Galie : la monarchie franque et l'église gallicane : celle-ci exerçait alors une prépondérance absolue, et ses évêques, investis de la plus haute autorité, avaient fondé à leur profit des libertés dont ils usaient largement, cassant parfois les arrêts de Rome, et tendant à établir, au moyen des conciles, une sorte d'infaillibilité propre à contrebalancer celle des papes. Sous les Mérovingiens, la tombe de saint Martin de Tours n'est guère moins vénérée que celle de saint Pierre ; Florent-Grégoire et ses contemporains fixent les dates des règnes d'après l'époque de la mort de saint Martin. Reims hérita de l'importance de Tours au point de vue religieux et national.

Grâce à cette régénération, Rome reconquit donc spirituellement l'empire que ses armes avaient perdu ; elle régit absolument le domaine des âmes, et les princes qu'elle avait couronnés exécutèrent énergiquement la mission qu'elle leur avait confiée. C'est l'époque brillante de la domination religieuse. Maîtresse des esprits par l'éducation, dont elle garda le monopole, l'Église donna au latin une extension plus grande : jamais les écoles n'avaient eu tant d'élèves ; mais la langue vulgaire, plus que jamais plongée dans l'obscurité, n'en continuait pas moins son chemin. Comme jadis le latin des Romains, le tudesque des Francs vint se briser contre sa rude cuirasse. Une langue morte et un idiome étranger, tels étaient les seuls instruments qu'offraient à leurs élèves les écoles épiscopales. Les vieux habitants de la Galie, relégués au fond d'une société régie par deux langues inconnues, restaient ignorants des choses, tels que des ilotes. Ce fait démontre que l'autorité était alors répartie entre des mains très peu nombreuses. Il explique la pénurie des monuments écrits dans l'idiome pratiqué par le peuple.

Il ne faudrait pas conclure de cet oubli volontaire que les idiomes galois s'effacèrent quelque peu devant le tudesque. Loin de là. La population presque tout entière s'en servait, et l'Église était obligée de les subir et de les pratiquer pour communiquer aux basses classes l'instruction religieuse. S'ils n'étaient pas enseignés dans les écoles épiscopales, c'est évidemment que chacun des élèves possédait déjà le dialecte de son diocèse comme langue maternelle.

Un fait remarquable, c'est que, sous les deux premières dynasties et pendant tout le Moyen Age, l'Eglise n'encouragea jamais les langues vulgaires, et se montra même toujours hostile à la traduction des livres saints en français. Cet ostracisme pour notre langue n'est nullement la marque d'un état d'esprit antinational de l'Eglise catholique, qui, au contraire, à ces époques, s'est toujours montrée la protectrice des peuples et la gardienne vigilante de leurs traditions, quand celles-ci n'allaient pas contre la foi. Mais l'Eglise, en proscrivant toute traduction des textes sacrés en langage vulgaire, a voulu éviter les différences d'interprétation qui n'auraient pas manqué de se produire si les dogmes avaient été soumis à la libre discussion d'une foule ignorante. Si l'Eglise était entrée dans cette voie, elle n'aurait pas tardé à se diviser en une multitude de sectes comme il est arrivé depuis au protestantisme.

Un second fait non moins digne d'intérêt, c'est que pendant tout le moyen âge, le français a été écrit sans qu'il existât nulle grammaire ni nulle autre règle que l'usage. Et, cependant, la poussée vers l'unité fut tellement forte que lorsque la première grammaire française parut (celle de l'Anglais Palsgrave), la langue française moderne était définitivement constituée.

Résumé historique

Il n'y a jamais eu de *Celtes* dans les Iles Britanniques.

Dans l'antiquité, *Celtae* était synonyme de *Galli*.

Au temps de César, le nom de *Celtique* était spécialement réservé au pays situé entre la Seine et la Marne d'un côté et la Garonne de l'autre.

Sous Auguste, la Celtique n'était plus qu'une partie de celle qu'avait vaincue César. Au Sud, elle avait perdu, entre la Loire et la Garonne, un vaste territoire annexé à l'Aquitaine ; à l'Est, tout ce qui fut plus tard la Grande Séquanaise, qu'on réunit à la Belgique. Ainsi restreinte, la Celtique eut pour métropole *Lugdunum*, et en prit bientôt la désignation de Lyonnaise. Paris se trouvait toujours dans la Celtique. Cette qualification de *Celtique* donnée à la région centrale de la France persista pendant tout le moyen âge.

Au Xe siècle, l'historien Richer, comme tous ceux qui l'ont précédé et ceux qui le suivirent, conserve invariablement au pays compris entre le Rhin, les Alpes, les Pyrénées et les deux mers le nom de Galie (*Gallia*) et aux habitants de ce pays le nom de Galais (*Galli*). Il étend l'Aquitaine des Pyrénées à la Loire et de l'Océan au Rhône, et resserre la Celtique entre la Seine et la Loire.

Les chroniques du moyen âge, tout en rappelant l'ancien système territorial de César, donnent spécialement le nom de Celtique à la Lyonnaise. En l'an 922, par exemple, Robert de France est qualifié duc de la Celtique par la *Chronique Saxonne*.

Pour Henri Estienne encore, au XVIe siècle, *celtique* était synonyme de français, et il se disait lui-même celtophile, ami de la langue française.

Il est faux, comme l'enseignent les manuels d'histoire, que la France se soit autrefois appelée *Gaule*. C'est seulement sous le nom de *Gallia* qu'elle a été connue dans l'antiquité et jusqu'à nos jours. *Gallia* doit se traduire en français par *Gallie* ou *Galie*, comme *Italia* par Italie et *patria* par patrie. En espagnol, en catalan et en roumain, *Galia* ne prend qu'un *l*.

Au moyen âge, les clercs ignorants traduisirent *Gallia* par *Galle*, ainsi qu'on le voit dans les *Grandes Chroniques de France*. Mais au XIVe siècle, ce nom fut changé en *Gaule* pour éviter la confusion avec le pays de *Galles*, en Angleterre. L'origine de ce dernier nom provient d'une erreur commise par les peuples germaniques, qui donnèrent le nom de *Walah* (Welches) à tous les peuples d'Occident avec lesquels ils se trouvèrent en contact. Les Germains qui envahirent l'île de Bretagne l'appliquèrent mal à propos aux indigènes, puisque *welche* est synonyme de *roman* en même temps que de *galais* et de *celtique*. En allemand moderne, *Welsche* est la forme populaire de *Kelte*.

Tous les peuples *romans* sont *welches* et, par conséquent, *keltais* et *galais*.

Nous appelons aujourd'hui *Belges* les Wallons et les Flamands. Dans l'antiquité, il y avait des *Belgae*, c'est-à-dire des « beaux gas » et qui, en tout cas, parlaient le *belgais*, c'est-à-dire le bel-galais, galais s'étant simplifié en *gai*, comme dans *gai* et dans *Portugais*. Les Wallons sont évidemment des *Belgais*, mais non les Flamands.

Les romanistes ont cru bénévolement qu'*Aquitania* signifiait « pays des eaux », et que les Aquitains étaient quelque chose comme des « aquatiques », sans vouloir chercher s'il y avait plus d'eaux en Aquitaine qu'ailleurs, et à cent lieues de se douter qu'*aqui* ou *aquit* ou *aquito*, signifiant *là*, près du lieu où l'on est, explique le mot *Aquitain*, aussi bien que le démonstratif *aquest*, de même que *cel*, en vieux français, explique *Celtae*.

Les faux Ibères

De même que les philologues du siècle dernier ont voulu voir des *Celtes* dans les Iles britanniques, ils ont voulu à tout prix considérer les Basques comme les descendants des Ibères.

La théorie de W. de Humboldt, suivant laquelle la race ibérique serait représentée de nos jours par le peuple basque est complètement dénuée de fondement. Il n'est plus aujourd'hui un seul linguiste qui

— 8 —

prenne au sérieux les étymologies imaginées par de Humboldt. Mais, comme l'a remarqué M. Philippon, « cela n'empêche pas les historiens les plus justement estimés de continuer à écrire, sur la foi d'un ouvrage qu'ils n'ont certainement pas lu, que les Basques descendent des Ibères, bien qu'aucun des noms de l'ancienne Ibérie ne puisse s'expliquer par la langue basque ».

Les Ibériens parlaient certainement une sorte de latin populaire, puisque l'Espagnol Pomponius Mela nous a transcrit, sans témoigner le moindre étonnement, un très grand nombre de noms de peuples ou de lieux ibériens, tandis qu'en arrivant au pays occupé actuellement par les Basques, il nous déclare tout net que les noms de ces peuplades et de leurs rivières « ne peuvent pas être prononcés par une bouche romaine ».

Quoique moins précis, le témoignage de Pline n'en est pas moins intéressant. Après avoir commencé par nous dire qu'il citera tous les noms géographiques dignes de mémoire ou *faciles à rendre en latin*, l'auteur de l'*Histoire naturelle* énumère une quantité considérable de peuples, de villes et de rivières de la Bétique, de la Tarraconaise, de la Lusitanie, de la Galice et de l'Asturie, puis, quand il arrive à la région qui forme aujourd'hui les provinces basques, ses citations cessent tout à coup.

Il n'est pas certain que les *Wascones* ou Gascons, qu'on confond souvent avec les Basques, fussent des Ibères ; mais comme le radical de leur nom l'indique, ils étaient sûrement de la famille galaïse et plutôt aquitains que celtais.

En tout cas, les Gascons actuels sont essentiellement Aquitains par l'usage qu'ils font du pronom *aqui*.

L'Occitanomanie

M. Joseph Anglade, professeur de langue et littérature méridionales à l'Université de Toulouse, a publié, en 1921, l'*Histoire sommaire de la littérature méridionale au Moyen âge* et la *Grammaire de l'ancien provençal ou ancienne langue d'oc*.

Dans ces deux ouvrages fort bien conçus et qui seront utiles aux étudiants, l'auteur n'a pu se dégager complètement des préjugés historiques : il s'est servi de termes imprécis et prêtant à l'équivoque.

Il appelle *Occitanie* le Midi de la France, où *Oc* est censé tenir la place d'*Oïl* ; mais, pour être logique, il aurait fallu trouver un nom correspondant pour la France du Nord, faute de quoi le système est boiteux. Il trace, en outre, une ligne de démarcation tout à fait arbitraire entre « les parlers d'*Oc* et ceux d'*Oïl* », disant, par exemple, que Libourne est de langue d'*Oc* et Blaye de langue d'*Oïl*. Il donne ainsi à penser que ces deux pays voisins se distinguent ou se sont distingués jadis par la particule affirmative, ce dont il ne pourrait donner aucune preuve.

Il en va de même pour tout le reste de la frontière fictive qu'il trace hardiment — mais non le premier — entre *Oc* et *Oïl*.

Le principal inconvénient de ce partage, c'est que *oc* n'existe pas.

En latin du moyen-âge, le mot *Languedoc* était rendu par *Occitana* et la langue de la contrée était dite : *lingua occitana*. Comment n'a-t-on pas vu que, phonétiquement, *Occitana* est une simple variante d'*Aquitania*, avec changement de l'a initial en *o*, phénomène qui est très fréquent précisément dans une partie de l'ancienne province de Languedoc ?

Lorsque Nyrop, avec les autres romanistes, nous assure qu'on désignait, au moyen-âge, les principales langues romanes d'après le terme qu'elles employaient pour dire « oui », il émet une opinion aventurée, quoiqu'elle soit devenue un dogme.

Il est inconcevable, qu'on se soit évertué à faire dire à Dante que, dans le Midi de la France, on disait *oc* pour *oui*, alors que, en réalité, pour le grand poète italien, c'est l'Espagnol qui était langue d'oc, le français langue d'oïl, et l'italien langue de *si*. Cette observation n'est d'ailleurs pas juste, puisque l'espagnol et le catalan aussi bien que l'italien disent *si* pour *oui*, de même que le portugais dit *sim*. Dante connaissait bien mal le castillan quand il écrivit sa phrase immortelle. La particule affirmative *oc* ou *hoc* n'existe qu'en catalan, où elle est moins usité que *si*.

L'expression langue d'oc était inconnue des troubadours : si quelques-uns ont employé *hoc* et *oc* pour affirmer, d'autres ont employé *oï*.

Oui et *nanni* ont été usités de tout temps dans le Midi de la France et, en particulier, dans le Languedoc.

Nous avons la preuve de ce fait dans le sirvente que le troubadour Bernard d'Auriac, surnommé *le maître de Béziers*, écrivait en l'an 1284, et dans lequel il menaçait le roi d'Aragon de la prochaine invasion du roi de Navarre dans son royaume :

E sap mi bo
Qu'éras sabran Aragones
Qui son Frances ;
E'ls Catalas estregz cortes,
Veyran las flors, flors d'onrada semensa,
E auziran dire per Arago :
Oïl e *Nenil* en luc d'*Oc*, e de *No*.

« Et je m'en réjouis qu'ainsi maintenant les Aragonais sauront qui sont les Français ; et les Catalans, courtois, avares, verront les fleurs, fleurs d'honorable semence, et ils entendront dire dans l'Aragon : *Oïl* et *Nenni* au lieu de *Oc* et de *No*. »

Au moyen âge, la langue méridionale a été appelée de différents noms, comme l'a constaté Chabaneau (*Hist. gén. du Languedoc*, t. X) : provençale, romane, limousine, catalane, auxquels termes il serait juste d'ajouter : *courbe langue* (Joinville), et *langue turbue* (Scaliger). Le nom composé *Langue d'oc* désigne seulement le pays auquel ce nom est resté.

(Un prochain fascicule sera consacré à la *Légende de la langue d'oc et de la langue d'oïl*.)

L'ORIGINE DES NOMS DE PEUPLES

Prééminence des thèmes ga *et* cel *dans les langues* "romanes"

Le thème " ga "

Notre langue, c'est aussi notre histoire. Sans la connaissance approfondie du vieux langage et des parlers populaires ou patois, il n'y a pas de grammaire historique de la langue française qui tienne.

Le pronom est le véritable levier du langage. Tous les noms ethniques de peuples ont pour racine un pronom.

Pour découvrir l'étymologie des mots *Galli* et *Celtae*, étymologie qui a échappé aux anciens auteurs, trop assoiffés de merveilleux, — il faut la chercher dans les langues qui possèdent les pronoms *ga* et *cel*.

On a dit et imprimé souvent que nous ne connaissons presque rien des anciennes langues de la Galie. A la vérité, si l'on n'a pu découvrir une seule phrase écrite en celtique, nous possédons quelques milliers de mots, relevés dans les auteurs grecs et latins, et dont l'origine n'est pas douteuse. Ils ont été classés soigneusement avec leur contexte, dans le grand ouvrage de A. Holder : *Alt-Celtischer Sprachschatz* (Leipzig, 1896). Ces mots sont presque tous des noms propres, de rivières, de villes, de pays, de peuples, de lieux et de personnes. Mais, comme les noms propres ont pour origine un nom commun, un adjectif ou un pronom, et qu'ils sont régis par la même phonétique que le reste de la langue, on est obligé de constater que le *galais* ou *celtique* de l'antiquité ne différait pas sensiblement du latin par son consonnantisme.

Cette particularité a été remarquée assez souvent, en ces dernières années, par les philologues, qui ont émis l'hypothèse, que si ces mots ont, pour la plupart, l'aspect latin, c'est qu'ils ont été latinisés. Cette objection tombe d'elle-même pour les mots qui nous ont été transmis à la fois par les Latins et par les Grecs. Il faut, toutefois, remarquer que Grecs et Latins étaient obligés de soumettre les mots d'emprunt aux lois particulières de leurs déclinaisons. On ne doit donc considérer que le radical des mots, et débarrasser ceux-ci de leur désinence casuelle.

De tous les mots celtiques, le plus abondant est *Galli*, au singulier *Gallus*. Les Anciens l'ont employé plus souvent que *Celtae*. Dans le lexique de Holder, il ne tient pas moins de 163 colonnes et 10.450 lignes ; *Gallia* remplit 116 colonnes et 7.403 lignes ; *Celtae* 69 colonnes et 4.433 lignes ; *Britanni*, 848 ; *Teutoni*, 804 ; *Germani*, 80.

Dans l'antiquité, le mot *Celtae* était moins usité que *Galli* : ce dernier avait donné de nombreux dérivés : *Galliacus*, *Gallianus*, *Gallicus*, *Gallicanus*, *Gallicinus*, *Gallienus*, *Gallio*, *Gallo*, *Gallograeci*, etc.

Au point de vue de la linguistique pure, toutes les langues parlées par des individus qui se traitent de « gas » entre eux, sont galaises.

En vieux français, *galais*, *galaise*, est la forme populaire du moderne *Gaulois* ; il n'y a guère de mot plus insolite que ce dernier dans le français moderne. Il ne date que du XVᵉ siècle et fut employé d'abord pour désigner un être stupide, grossier et ignorant :

> Tout était grossier, ignorant, **gaulois**.
>
> FÉNELON.

Malgré le dictionnaire de l'Académie, qui a tenté, patriotiquement, d'enlever à *Gaulois* tout sens péjoratif, il n'en reste pas moins que le consonnantisme de ce mot donne une impression de barbarie. Mais ce sont ceux qui l'emploient qui sont les barbares, et non les compagnons de Bellovèse ou de Vercingétorix, qui ne l'ont certainement pas connu.

Le vieux français n'avait au sens de « gaulois » que des mots construits sur le thème *ga* : *galois*, *galoise*, *galais*, *galaise*, adjectif et substantif. Mais il ne faut pas oublier que *galois*, en vieux français, se prononçait *galouais*. La prononciation *ouá* ne date, dans la langue générale, que de la Révolution. Elle n'était usitée au XVIIIᵉ siècle que dans l'argot des faubourgs parisiens.

Godefroy a relevé des adjectifs féminins : *galesce*, *galesse*, *galesque*, *galeque*, signifiant : gauloise, de France :

> Espoir une lieue galesce
> Dans le travers de la vile.
>
> HUON DE MÉRY.

Li rois Phelippes revint en Franche, et laissa Charles de Blois duc et seigneur de toute Bretagne **galesque**. **(Yst. et Chron. de Flandres.)**

Le plus souvent, *galois* et *galais*, adjectif et substantif, a le sens de bon vivant, joyeux compagnon ; au féminin, *galoise* est une femme qui aime le plaisir :

> Ainsi dis ji Bertrand, qui bon **galoys** estoit.
>
> (Cev. *du Guesclin*.)

> Comment le sire de Bianju,
> Antones, qui grans *galois* fu,
> En riant moult souvent disoit.
>
> (FROISSART, *Poésies*.)

> Venez ça, compaignons *galoys*,
> Qui bien cuidies valoir deux roys.
> (Roi RENÉ, *Livre du cuer d'amour espris*.)

> Je souloye rire et danser
> Avec ces compaignons *galloys*.
>
> *(Chanson du XVe siècle.)*

Jehane le *waloise*. (*Cart. de Corbie*, 1337.)

Vous me verrez bonne *galloise* (*Farce du Munyer*.)

On trouve encore dans le vieux français un grand nombre de mots formés sur le radical *ga*. Les uns, synonymes de « français » : *galot*, *galou*, ont été relevés dans des textes parlant de la Bretagne. Les autres ont un sens de gaieté, de joie et de bonne humeur s'ils sont masculins ; un sens péjoratif s'ils s'appliquent aux femmes :

Galer, se réjouir ; *galerie*, réjouissance ; *galier*, *galet*, joyeux compagnon ; *galette*, *galeresse*, *galie*, *galière*, femme qui aime la joie ; littéralement, fille qui court après les gâs ; *Galebontemps*, substantif composé : société de gais compagnons, au XVe siècle, appelés aussi *galans*, *compagnons galois* :

> Desja le poil me grisonne,
> Desja la goutte je sens,
> Je veux fraicter ma personne
> Avec les *Gales Bon Temps*.
>
> (OLIVIER BASSELIN.)

Dans les parlers galais, *gâ* n'a qu'un rapport éloigné avec *gars*, *garson* du vieux français, qui avait le sens de serviteur, valet d'écurie, goujat, vaurien, etc., et était toujours pris en mauvaise part. C'est un fait étrange, dans notre langue, que l'on puisse orthographier *gars* un mot qui se prononce *gâ*, car, en français, *r* se prononce toujours après *a*. D'un autre côté, il faut mal connaître les parlers populaires pour soutenir que notre *gâ* national, pris en bonne part, fait au féminin *garce*, et a pour diminutif *garçon*. Ce n'est pas le fait, pour les grammairiens, d'avoir ignoré systématiquement les centaines de dérivés que *gâ* a donnés dans la langue vulgaire qui empêchera ces dérivés d'exister. La grammaire historique doit en tenir compte et elle ne saurait les écarter sans faire faillite.

Dans les divers parlers galais, *gâ* est un substantif de nature pronominale : c'est-à-dire qu'il est apte à remplacer toute espèce de noms d'*hommes*. *Gâ* signifie partout, pour le peuple, « enfant mâle, fils, ami, camarade, compagnon, homme de tout âge et de toute condition, collectivité d'individus, habitants d'une commune, d'une ville, d'un pays ou d'une contrée ».

Gâs, au pluriel, a souvent le sens de *gens*. Dans la langue de *sti* on dit : « Ces *gâs*-là » pour « ces gens-là » ; « les *gâs* du Nord » pour « les habitants du Nord ». L'emploi de *gâs* au sens de *gens* est commun à tous les parlers galais.

Dans les parlers d'entre Loire et Garonne (langue de *quel*), la locution « *ques gâs* » (kégâ) signifie : « ceux-ci, ceux d'ici, ceux des nôtres », et généralement « ceux que vous savez ». Le sens de *ques gas* va-rie suivant la personne qui parle et suivant les circonstances. Cette expression peut signifier : « mes fils », ou « mes camarades », ou « les camarades de mes fils », ou « mes fils et leurs camarades », ou « mes frères », etc., etc. Le démonstratif *ques* (*quou*, *quel*, *quelle*), implique une idée de rapprochement.

Divers sens de *gâ* dans les parlers tourous-poitevins (Touraine, Saumurois, Mauges, Tiffauges et Retz) : — « La Jeanne alle a iu un *gâ* » : elle a mis au monde un garçon ; — « les *gâs* de l'école » : les écoliers ; — « le père et le *gâ* » : le père et le fils ; « le *gâ* d'Jean-Marie » : l'ami Jean-Marie ; « les *gâs* d'Charron » : les frères Charron ; — « un bon *gâ* » : un homme serviable ; — « un malin *gâ* » : un méchant homme ; — « un failli *gâ* » : un impie, un homme de mauvaise conduite ; — « un p'tit *gâ* » : un garçon jusqu'à l'âge de treize ou quatorze ans ; — « un jène *gâ* » : un jeune homme ; — « un vieux *gâ* » : un célibataire ; — « les *gâs* do Clion » : les gens du Clion ; — « allons, les *gâs !* » : allons, les copains ; — « *ques gâs* » : les gas d'ici, les gas de chez nous.

En général, *gâ* désigne un *homme* et non un *gosse*.

En Poitou et en Berry, le nom de *queneau* est donné à l'enfant en bas âge des deux sexes. Ce mot n'a pas de féminin ; il est généralement employé au pluriel. En pays de Retz, il est presque toujours précédé du démonstratif *ques*, remplaçant l'article « les » : *ques queneaux* (ké kenéw) se dit pour « les queneaux » dans le langage des vieilles paysannes. *Queneau* correspond au latin *puer* pour le sens et à l'allemand *Kind* pour le sens et la phonétique. Il n'a aucun rapport avec *canis*, comme l'a cru M. Ivan Pauli. Le sens de ce mot est donné par le verbe *quener*, geindre (provençal *quenar*) : « *Ques quencaux i font que quener !* » Il a pour origine une onomatopée se rapprochant de celles qui ont donné naissance à *quinte* et à *hoquet*. Le *quenement* est la plainte sourde de l'enfant qui souffre.

Dans la langue de *quel*, *gâ* fait *galande* au féminin, avec un sens neutre ou favorable en pays de Rez ; *galinde* en Vendée. Dans la région poitevine (du moins dans différents cantons), *galande* se dit surtout d'une jeune fille, d'une femme non mariée ; mais il peut désigner aussi une femme de tout âge et de toute condition. Dans le canton de Saint-Père-en-Retz, j'ai entendu souvent de vieilles grand'mères qui se congratulaient en se disant réciproquement : « *Ma pou galande* » (ma pauvre amie).

Si *galande* ou *galinde* est pris en très bonne part, il n'en est pas de même de *garce*, qui est une injure grave, synonyme de putain, vesse, fille perdue. « *Fils de garce ! Fils de resse ! Fils de putain !* » sont des juremens très fréquents entre Loire et Garonne. On entend souvent des gens en colère qui s'écrient : « *Fils de garce de fils de garce !* » ou : « *Fils d'enfant de garce !* » Mais ces expressions peu académiques sont tellement fréquentes qu'elles sont considérées, la plupart du temps, comme plus plaisantes qu'injurieuses. Dans ces pays, *garce* n'est considéré comme une injure que s'il est employé seul ou s'il est précédé d'un qualificatif péjoratif, comme « sale » ou « sacrée ». Il est toujours féminin.

A l'autre extrémité du domaine galais, dans la Suisse galaise, le féminin *galanda*, au lieu d'être pris en bonne part, comme *galande* l'est en Poitou, a un sens quelque peu péjoratif. Ce qualificatif est donné à une jeune fille fringante, allurée, qui aime le plaisir. Au contraire, *galé*, *galéza* (littéralement, galais, galaise), signifie « joli, charmant, gracieux ». « Le Fribourgeois, dit le Doyen Bridel, qui rencontre une jeune fille en chemin, la salue toujours du titre de *galéza* ou *grachauza* (gracieuse). » Cette remarque s'applique également au canton de Vaud.

Il faudrait plusieurs volumes pour étudier consciencieusement le développement du thème *gâ* en France et dans les langues dites récemment romanes, et qui sont, en réalité, par leur pronom-adjectif-article et par le nom originaires des nations qui les parlent, *keltaises* et *galaises*.

L'espace nous étant très limité, nous nous contenterons de quelques exemples relevés dans les glossaires de patois français :

Wallon

Gâ a, en wallon, le même sens qu'en français. Dérivés : *gâdiseû*, amoureux, galant ; *gaguê*, homme qui met de la recherche dans ses vêtements ; *galapia*, garnement. Le diminutif le plus répandu de *gâ* est *valet*, petit gâ, garçon, enfant mâle, qui a donné lui-même ,comme dérivé, *valetrou* ou *waletrou*, fille qui a des allures de garçon. A Malmédy, *valetrou* signifie : coureur, batteur de pavé.

Le sens de serviteur a été réservé, en wallon, à la forme *varlet*, qui est une variante dialectale de l'ancien français *vaslet* (vasselet), tandis que *valet* est le diminutif régulier de *gâ* avec adoucissement et labialisation de la gutturale originaire.

Picard

Gâ, signifiant luron, est d'un usage général en picard. Dérivés : *gadru*, petit enfant ; *gaga*, enfant gâté ; *galapiat*, *galoubi*, gamin, galopin ; *galibier*, polisson ; *galmite*, petite fille (se dit aussi d'un petit garçon ; *gaspiaud*, petit gamin.

Berrichon

Gâ, signifiant homme, camarade, compagnon, enfant mâle, est très usité en Berry. Dérivés : *Gagesse*, *gâtière*, petite fille ; *gaïchou*, *ganet*, *ganillon*, *gasin*, *gasou*, petit gâ ; *galopiot*, gamin, polisson.

Normand

En normand, on écrit *gas*, même au singulier (Moisy), sans doute pour ne pas confondre *gâ* avec *gars*, qui se dit pour jars, mâle de l'oie domestique. *Gâ* a, en normand, les mêmes sens qu'en français. Un *petit gas*, un *bon gâs*, un *gentil gas* sont des locutions très usitées ; le *gas Duval* équivaut à *fils Duval*. Dans une chanson normande de xviiie siècle, publiée par Fleury, un soldat, parlant de lui-même, annonce ainsi à sa mère son retour dans ses foyers :

> Mettez de la soupe à caouffer :
> V'là vot' *gas* qu'est rarrivé.

Dans quelques localités, le mot *garse* désigne une jeune fille ; mais il est généralement pris en mauvaise part ; il en est de même pour *garsaille*, à Guernesey, ramas de polissons, et *garçonnaille*, synonyme de valetaille, gens vils.

Deux diminutifs de *gâ* sont très usités en Normandie : *Valet*, qui est pour *galet* comme *varou* est pour *garou* ; et *cadet*, qui est pour *gadet* par le changement de l'initiale voisée en soufflée. *Cadet* a, en normand, le sens de : « homme courageux, robuste, alerte, bon vivant, franc luron ». « Ch'est un rude *cadet*. » L'on dit d'une femme qu'elle est une *cadette* quand elle montre de l'initiative, de l'énergie.

On trouve encore en normand le vieux français *galois* (prononcez galoué), signifiant « gai, gaillard » ; *gale*, divertissement ; *galigâs*, réjouissance, ripaille de *galins-galais*.

Suisse galaise

Dans toute la Suisse galaise, comme dans la plupart des anciens parlers français, le vrai diminutif de *gâ* est *valet*, au sens de fils, jeune homme : *L'a trei valets*, il a trois fils. *Les valets*, collectivement, tous les garçons d'un village. On dit *valai* dans le Jura.

Autres dérivés de *gâ* :

Gachon, s. m. C'est le nom du patois d'une partie du Jura bernois.

Gaddan, s. f. Nom d'amitié que les enfants donnent à leur grand'mère (Vaud).

Gaddein, s. m. Layette, les langes d'un nouveau-né.

Gadzo, s. m. Gage ; cadeau d'un garçon à sa belle, à sa fiancée.

Gâgui, s. f. Grosse fille lourde, malpropre (Lausanne).

Gaichotte, s. f. Jeune fille (évêché de Bâle).

Gaillard, adj. Gaillard, gai, amusant.

Galan, *galanta*, adj. Il ne se dit guère qu'au masculin.

Galanda, s. f. Jeune fille fringante, allurée, qui court après le plaisir.

Galavar, s. m. Fainéant, tapageur, mauvais sujet.

Galavarda, petite fille, qui va courir avec les petits garçons.

Gale, s. f. Jouets d'enfants.

Galé, *galéza*, adj. Joli, charmant, gracieux.

Gallebontein, s. m. Bon vivant, pilier de cabaret (Vaud).

Ganda, *Ouanda*, s. f. Femme grande, paresseuse ou débauchée (V.).

Gaô, *Gaothei*, s. m. Nom que les habitants du Pays-d'Enhaut donnent aux Fribourgeois. Ce mot vient de *Gavot*, ancien nom du Chablais.

Gapan, *gapin*, s. m. Homme rustre et pillard (Fribourg).

Gapian, douanier français. Ce mot est injurieux.

Gapion, agent de police. Se dit en patois et dans le français populaire de Lausanne.

Garauda, s. f. Femme effrontée, fille de joie.

Garou, adj. Sorcier enragé. C'est un des noms du diable.

Gauza, s. f. Une gueuse, injure grossière.

Gavot, s. m. Ancien nom des habitants du Chablais et de ceux de la Haute Provence. Nos vieilles cartes géographiques désignent la côte opposée au pays de Vaud sous le nom de pays *Gavot*.

Provençal

Le grand nombre de mots construits sur le thème *ga* en provençal nous oblige à renvoyer le lecteur à *Lou Trésor dou Félibrige*, en faisant seulement remarquer que le mot-racine lui-même est peu usité dans la langue du Midi.

Pour éviter ce que M. Gilliéron appelle une « homonymie intolérable » avec *gat* (chat), le gascon appelle *garsoun*, celui que sur les bords de la Loire, nous appelons un « jène ga », et *drôle* celui que nous appelons un « p'tit ga ».

Il en est de même dans une grande partie du Midi, où par suite de la prononciation flottante entre *ga* et *ca*, une confusion se produirait.

Il est à remarquer, du reste, que le mot *garçon* n'est usité dans les patois que là seulement où *chat* se prononce *ca* ou *ga*, c'est-à-dire, outre le gascon et le provençal, en normano-picard.

En languedocien, il a fallu également éviter la confusion avec *gal*, coq...

Dans la langue du Midi, *galés*, *galeso* signifie : gaulois, gauloise, de France.

Galés d'esperit e gavot de formo.
(L. de Berluc-Perussis.)

La libertat de las terros galesos.
(A. Roque-Ferrier.)

Un *galinet*, *galussel*, *galassoun*, *galoun*, *galechoun*, *galichoun*, etc., est aussi bien un petit coq qu'un garçon qui commence à courtiser les filles.

Uno femo galanto est une femme jolie ; *uno galanto filieto*, une fillette gentille.

En catalan, un petit ga est un *mignoun*; si ce *mignoun* est mignon, il est dit *galanel*.

Dans tous les pays galais le thème *ga* est indéracinable : si on le chasse par une porte il rentre par l'autre.

Le thème " ga " en Breton

Le correspondant phonétique de *ga* en breton est *goas* (homme), orthographié ordinairement *gwaz* ; en cornique et en vieux-breton *guas*. Le préfixe *gwc*, prodigieusement répandu dans les langues anniques, correspond ordinairement en français à un *g* dur ou à un *v*.

Le synonyme de *Galais* en breton est *Gall*;
au féminin *Galles* : au pluriel *Gallaoued*, et, anciennement, *Galled* et *Galliz*.

Dans les vieux auteurs bretons, *Gall* signifie aussi « étranger, ennemi » : c'est encore le sens qu'il en cambrien et en irlandais. Le nom de *gallois* que les Français donnent aujourd'hui au cambrien est donc une appellation stupide : d'abord, parce que *gallois* veut dire étranger, « en gallois » ; en second lieu, parce qu'il est triste, pour un peuple, de renier le nom de ses ancêtres pour le donner à des étrangers.

On trouve, en Bretagne, un grand nombre de noms de familles construits sur le thème *ga* : comme ce thème n'est pas breton, tous les noms qu'il a formés sont synonymes de galais, français : Gall, Le Gall, Legal, Legalloc, Le Gualès, Le Garlès, Gallonédec, Le Gac, Le Gars, Legars, Le Garrec, Le Gallou, Quilgars, etc...

A remarquer que *Quil* de *Quilgars* est un témoin de la prononciation de *cil*, démonstratif et article du vieux français.

Le thème purement breton *gw* est représenté dans quelques noms propres : Le Goas, Le Goadet.

Les noms propres *Galot* et *Gallot* ne sont pas bretons. Ces diminutifs sont purement français, de même Gallet, Vallet, Gallais, Valais, Gallois, Valois, etc...

Les dérivés de *gall* en breton sont :

Gall on *Brô-C'hall*, s. m. La Galie, le pays des Galais est aujourd'hui la France.

Gallek, s. m. Le français, la langue française. A la lettre, la langue des Galais. En pays dit « de Galles », *galleg*. — *Ar galleg a oar*, il sait le français.

Galléga, v. n. Parler le français. — *Galléga a hellit dira-z-oun*, vous pouvez parler le français devant moi.

Gallégachat, v. a. Franciser, donner une terminaison, une tournure française.

Gallégach, s. m. Gallicisme.

Galléger, s. m. Celui qui parle le français.

Le thème " cel "

Si les textes historiques ne nous autorisent en aucune façon à voir des *Celtae* dans les modernes Bretons, Cambriens et Irlandais, les lois de la linguistique nous obligent également à constater la dissemblance fondamentale du groupe de langues britanniques ou *anniques* ou *hinitiques* avec le galais ou *galek* ou *welche* ou *celtique* des Anciens.

Pour avoir cru que les langues britanniques sont celtiques, il a fallu ignorer que le radical *cel* ne pouvait être qu'un pronom, en l'espèce le démonstratif provenant lui-même de la soudure de l'interrogatif et du personnel.

Pour être logique, il aurait fallu chercher l'origine de *Celtae* dans les langues qui ont *cel* comme pronom, ou à tout le moins le thème pronominal indo-européen q^u sanscrit *k*, latin *qu* et *c*.

M. Dottin a écrit dans son *Manuel* (page 43) : « Tout peuple dont le nom est formé de mots celtiques est vraisemblablement celte. » C'est une vérité de simple bon sens, à condition, bien entendu, que ce nom, ce soit l'intéressé lui-même qui se le soit donné. Mais il aurait fallu d'abord expliquer ce que c'est qu'un mot celtique ; il aurait fallu donner l'étymologie du mot *Celte*. Il n'y a rien de plus contraire à la science que de désigner les gens ou les objets par une épithète dont on ignore l'origine et la signification précise.

César nous a déclaré formellement que *Celtae* était un mot tiré de la langue des ment sur le domaine du « latin vulgaire » et en respecte religieusement les limites. Seuls le roumain et le français du Nord ont employé le thème *cel*, mais avec une prononciation différente; le roumain étant actuellement la seule langue pouvant se réclamer du celtisme à la fois par l'orthographe du mot *cel* et par sa prononciation, tandis que le français du Nord ne peut s'en réclamer que par l'orthographe, le

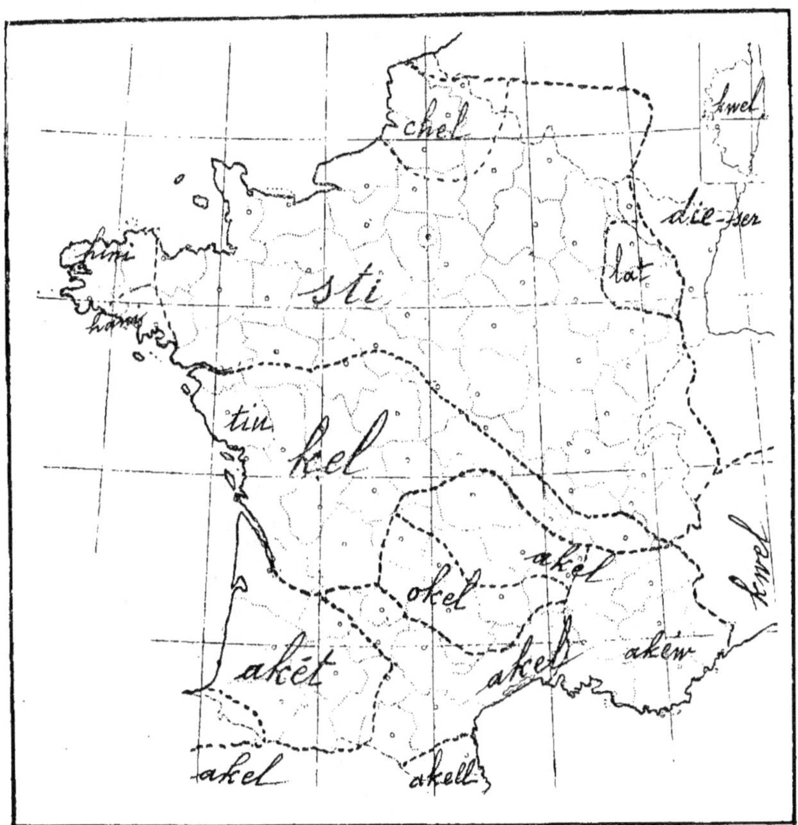

Le principal thème démonstratif dans les patois

peuples d'entre la Seine et la Garonne. C'est donc dans le vieux langage de cette contrée qu'il faut en chercher l'origine.

D'un autre côté, la linguistique nous enseigne, avec Jacob Grimm, que le pronom est à l'origine et au commencement de toute espèce de nom.

Si nous n'avons pas les yeux bandés, nous voyons effectivement que *cel* est un pronom de vieux français, conservé dans le démonstratif moderne *celui, celle, ceux, celles* ; ce même mot s'orthographie *quel* au sud de la Loire ; il s'étend exclusive- français du Centre que par la prononciation ; le provençal, les langues ibériennes et le roumain moderne en diffèrent quelque peu par l'emploi du thème renforcé *aquel*, et l'italien par l'adjonction d'une labiale au thème primitif : *qwello* ; dans la langue des Aquitains domine naturellement le pronom *aqui, aquit, aquest.*

Cel, d'après les romanistes, viendrait d'*ecce ille*, tandis que *quel* (démonstratif) aurait pu naître vraisemblablement d'*atque ille* (Mayer-Lübke). Ce n'est là qu'une conjecture.

En roumain, les deux formes *cel* et *acel* existent simultanément.

Ainsi, le catalan, le provenço-languedocien et le roumain emploient concurremment les deux formes *quel* et *aquel* ou *cel* et *acel*, dont la prononciation est à peu près la même (*kel* et *akel*), tandis que l'espagnol et le portugais n'ont que la forme *aquel*, et l'italien que la forme *quel*. Le « galais » d'entre Loire et Gironde n'a également qu'une forme de *quel*, qui se différencie notablement du *quel* italien par la prononciation : en galais (*cel*) ; en italien (*kwel*). L'italien prononce *quel* d'une façon qui lui est particulière, tandis que dans tout le reste de la famille *keltaise* la prononciation de *quel*, *aquel*, *cel*, *acel* ne diffère pas sensiblement. Les riverains de la Loire articulent le *qu* de *quel* et de *qui* comme le (*c*) de l'alphabet phonétique international.

C'est la prononciation de l'italien, autant que l'orthographe, qui fait admettre à Mayer-Lübke la source *alque ille* pour *aquel*, d'où serait venu *quel* par la chute de l'initiale ; tandis que le provençal *cel*, ancien français *cil*, et peut-être aussi le roumain *cel*, viendraient de *ecce ille* !

Ainsi, pour les philologues, *cel* et *quel* sont des mots dissemblables par leur origine, alors que, pour les linguistes, ils ne sont séparés que par la fantaisie de l'orthographe.

A côté de la forme *cel*, *aquel* (*akel*), qui est, à proprement parler *celtique* ou *keltaise*, existe la forme moins usitée *cest*, *aquest*, qui est aquitanique.

Sur la rive gauche de la Loire, cette dernière forme n'existe pas et *kel* domine souverainement le langage en pays de Retz, comme pronom interrogatif, relatif, démonstratif, adjectif et parfois simple article.

Dans les parlers populaires français, *cel*, démonstratif (écrit et prononcé généralement *quel* ou *kel*), ne dépasse pas, actuellement, le cours de la Loire, au Nord-Ouest et le col de Modane au Nord-Est. Au Nord de la ligne Nantes-Modane, *cel* est remplacé par *ste*.

Tourangeau, berrichon, saintongeais, etc.: *quel* homme, *quelle* femme. Wallon, normand, bourguignon, etc. : *st'homme*, *ste* femme. Français littéraire : *cet* homme, *celle* femme.

Donc, si nous nous en rapportons au démonstratif, pour dégager l'ethnique, nous trouvons que les véritables *Celtae* sont aujourd'hui limités au Nord par le cours de la Loire, tandis qu'au midi, ils couvrent la péninsule ibérique, l'Italie et la Roumanie. Au temps de César, leurs territoires s'étendaient jusqu'à la Seine et à la Marne, ils auraient donc été refoulés de la Seine à la Loire et de la Marne à l'Isère. Or, comme *cil*, *cel*, *cele*, qui a donné naissance à *celui*, *celle*, est le mot le plus fréquent du vieux français comme on s'en rendra compte en consultant Godefroy, nous sommes obligés d'admettre que la substitution de *ste* à *cel*, entre la Seine et la Loire est simplement due à l'évolution du langage. Bopp a remarqué le penchant qu'a le latin pour le groupe *st*, et *ste* français est identique à *iste* latin. Mais le pronom renforcé *ste* est limité au français populaire du Nord et de l'Est, du moins comme pronom isolé, car on le trouve également ailleurs dans des composés : italien, *questo;* aquitain, *aquest* et *aquestre*, etc.

On peut émettre l'hypothèse plausible que *ste* était le démonstratif de la langue des *Belgae*, comme *cel* était indubitablement celui des *Celtae; aqui*, *aquel* celui des Aquitani.

Si le démonstratif galais *cel* n'a aucune parenté avec le breton, il est phonétiquement rapproché du germanique. De même que l'interrogatif *wer* est l'équivalent phonétique de *qui*, le démonstratif féminin et pluriel *tiu* de l'ancien haut-allemand, correspond au démonstratif *tiu*, *tielle* du vieux français dialectal et de certains parlers poitevins.

En poitevin, voici les variantes de l'adjectif démonstratif relevées par l'abbé Lalanne, dans son Glossaire :

Masculin. — CE, CET : quiau, quiel, quieu, quiou, quo, quou, tiau, tieu, tiou, tchel, tchiou.

Féminin. — CETTE : quale, quiaie, quielle, quiellée, quette, quiette, tialle, tielle, tchelle, tchielle.

Pluriel des deux genres. — CES : Qués, quellés, quiés, quiélaj, quiellés.

Entre Loire et Garonne, le pronom démonstratif se forme en ajoutant *qui* ou *là* à l'adjectif : *quiaula*, *tianqui*, etc.

L. Favre a aussi relevé la forme *tau* pour « celui ».

En pays de Retz à l'extrême limite septentrionale de (*cel*) démonstratif, voici quelles sont les formes usitées :

Adjectif démonstratif

QUOU, ce : *Quou gâ*, ce garçon, cet homme (du pays).

QUEL, cet : *Quel homme*, cet homme-là.

QUELLE, cette : *Quelle galande*, cette fille, cette femme (du pays).

QUES, ces : *Qués gâs*, ces gars-là, les gars d'ici, les hommes de chez nous..., les gens du pays.

QUES, ces : *Qués galandes*, ces femmes-là, ces jeunes filles (du pays).

Pronom démonstratif

QUOU-LA, celui, celui-ci, celui-là.
QUELLE-LA, *celle*, celle-ci, celle-là.
QUÉS-LA, ceux, ceux-ci, ceux-là.
QUELLES-LA, celles, celles-ci, celles-là.

A noter que *quou*, *quel* est toujours mouillé ou palatalisé en Retz comme dans tout le Poitou et qu'on pourrait aussi bien écrire *quiou*, *quiel* ou *tiou*, *tiel*, car, en Retz, le groupe *ti*, devant voyelle, se prononce comme *qui* du français populaire : Ex. : *chréquin* pour chrétien; *enquier* pour entier; *méquier* pour métier, etc... Cela ne lui est pas particulier, comme chacun sait. Certains dialectes poitevins et auvergnats font tout le contraire. Ils décomposent le *qui* en *ti*, et cela les rapproche phonétiquement du germanique. Ex. : *batiet* pour baquet; *tiœur* pour cœur; *boutiet* pour bouquet, *tiou* pour quou, *tiel* pour quel.

La plupart des noms de peuples galais et germains ou kcltais et tudesques, ont un pronom pour origine.

La racine pronominale saute aux yeux dans les noms suivants : *Celtae* : cel; *Aquitain* : aqui ; *Deutsch* : deu ; *Tivis* : ti ; *Tiudise* : tiu ; *Teuton* : teu ; *Titan* : ti ; *Latin* : la. Et ce dernier mot montre que le latin populaire est plus ancien que le latin classique car illa est la forme renforcée de *la*. Le latin classique, par le pronom *illa* est, en réalité *illatin !* Parmi les noms de peuples galais, *Parisii* est évidemment pour « par ici »; *Nannetes*, pour « Nenni-tais »; *Vivisci* pour « Oui-oui-ches »; *Pictones* ou *Pictavi*, provençal *l'ei tau*, pour « ceux du pays d'eau » ; *Petrocori* pour « ceux du pays de roc », etc.

Dialectes aquitains

Les parlers du Midi peuvent se diviser, d'après le pronom-adjectif, en cinq dialectes principaux, qui, tous, emploient concurremment deux thèmes démonstratifs renforcés : l'un impliquant une idée de rapprochement, l'autre un certain éloignement :

1° Le provençal, parlé dans la région comprise entre le Rhône et les Alpes, la Drôme et la mer : *aquest, aquesto*, ce, cette, celui-ci, celle-ci ; — *aquéu, aquelo*, ce, cette, celui, celle, celui-là, celle-là.

2° Le languedocien, parlé entre le Rhône et la Garonne, et qui diffère du provençal par la forme masculine *aquel*, et, en général, par le changement des diphtongues *éu* et *au* en *el* et en *al*.

3° Le rouergat ou langue d'o, variété du languedocien, parlée dans les Cévennes, qui change généralement *a* en *o* et qui dit *oquel* pour *aquel* ; *olmonac* pour almanach.

4° Le catalan, autre variété du languedocien, qui emploie un *l* mouillé dans *aquell*, et qui se parle en Roussillon et dans la Catalogne espagnole.

5° Le gascon, qui est une véritable langue à part, très dissemblable du languedocien et de l'aragonais, ses voisins, mais qui, cependant, appartient à la famille des langues galaises. Au gascon se rattache le béarnais.

Les dialectes de la Basse-Auvergne, du Limousin et du Périgord tiennent du Midi par leur pronom renforcé *aquel* et des parlers du Centre par divers caractères, notamment par la permutation du *g* en *j*. Il est impossible de tracer une limite entre les parlers du Centre et les parlers du Midi, qui se fondent insensiblement les uns dans les autres.

Gascon

La langue gasconne est la véritable langue aquitaine ; elle a pour domaine le triangle formé par les Pyrénées, la Garonne et l'Océan. c'est-à-dire l'Aquitaine primitive. Mais sa limite ne coïncide pas tout à fait avec la rive gauche de la Garonne, ni avec la frontière espagnole. Elle déborde sur la rive droite dans les départements de la Haute-Garonne et de l'Ariège (arr. de Saint-Gaudens et de Saint-Girons) ; d'autre part, elle ne touche la frontière pyrénéenne que depuis le pic de Brougat (Ariège), où finissent les populations languedociennes du pays de Foix, jusqu'au pic d'Anie (Basses-Pyrénées), où commencent les populations de langue basque ; le gascon forme même une poche au-delà de la frontière, dans le val d'Aran, dans la région où la Garonne prend sa source.

Dialecte du Couserans

Parmi les différents dialectes gascons, un des plus archaïques et des plus vivants tout à la fois a été étudié, avec une méthode rigoureuse et pratique, par M. l'abbé Castet, — un nom bien gascon, — qui nous a fait connaître le dialecte de l'ancien Couserans, tel qu'il se parle aujourd'hui dans la vallée du Salat (Ariège). Nous avons relevé dans son travail consciencieux les particularités suivantes :

ARTICLE. — *Et* ou *etj*, le ; *era*, la ; *et* ou *ets*, les ; *eras*, les (fém. pl.). Exemples : *Etj urbe*, l'arbre ; *ets arbes*, les arbres ; *era houelho*, la feuille ; *eras houelhos*, les feuilles ; *es camis*, les chemins.

DÉMONSTRATIFS. — Les pronoms-adjectifs démonstratifs sont :

1° *Aqueste, aquesto, aquesti, aquestos*, celui-ci, celle-ci, ceux-ci, celles-ci ; ce, cet, cette, ces.

2° *Aquetj, aquero, aqueri, aqueros*, celui-là, celle-là ; ce, cet, cette, ces.

3° L'article suivi de *que* est employé comme pronom : *Etj que s'amago*, celui qui se cache ; *era que tournara*, celle qui reviendra.

4° *Asso, aco, hag* ou *hog, ccci*, cela.

PRONOM RELATIF. — Il n'y a qu'un pronom relatif, *que*, invariable pour les deux genres et les deux nombres : *Que y a estelos que courreng*, il y a des étoiles qui courent.

INTERROGATIF. — Les pronoms interrogatifs sont tous construits sur le thème *que* (*h*) :

1° *Qui*, sujet ; *que*, régime : *Qui a creatj et ceu era terra ?* Qui a créé le ciel et la terre ? *Que dides ? Que dis-tu ?*

2° *Cuau, quing*, quel ; *cualo, quino*, quelle ; *cuali, quini*, quels ; *cuanos, quinos*, quelles.

3° *Et cuau, era cualo, es cuali, eras cualos ?* Lequel, laquelle, lesquels, lesquelles.

4° *Cuanti, cuantos*, combien, etc.

PRONOMS INDÉFINIS. — *Caucu*, quelqu'un ; *us cuanti*, plusieurs ; *cadahu*, chacun ; *cau-carre*, quelque chose ; *arre*, rien, etc.

VERBE. — Le verbe a les mêmes temps et modes que les verbes français, avec les mêmes auxiliaires : *aue*, avoir ; *este*, être. Il n'a que trois conjugaisons, caractérisées par l'infinitif en *a*, en *e* ou en *i*.

Tandis qu'en provençal et en languedocien, le verbe se conjugue sans le secours des pronoms, en gascon, il est précédé généralement de la particule explétive *que*, à toutes les personnes et à tous les temps.

Verbe *canta* (chanter) : *Que canti, que cantos, que canto, que cantam, que cantats, que cantong* : je chante, tu chantes, etc., etc.

Et ainsi de suite pour les autres temps.

On voit, par ce qui précède, combien le thème *que*, simple ou précédé d'un *a* prosthétique, est abondant dans la langue à laquelle il a donné son nom.

A remarquer également que le thème *cel* ou *aquel* n'existe pas en gascon, qu'il n'a par suite, aucun droit à l'appellation de celtique.

Le gascon est une langue galaise, comme son nom l'indique, et parce qu'il possède, comme toutes les langues galaises, les thèmes interrogatifs, *qui* et *que*, que les philologues ont attribués faussement à la « romanité », mais que les linguistes ont reconnu aussi vieux au moins que le sanscrit.

Provençal

En vieux provençal, voici quelles sont les principales formes pronominales, d'après Raynouard :

INTERROGATIF. — *Qui, que, qual, cal.*

RELATIF. — *Qui, qi, ki, que, che, qe, ke, qu', ch', k', q', c', cui, qui, que, quoi ; cal, qual, lo qual, la qual, li qual, los quals, las quals, des quals, de las quals, etc...*

DÉMONSTRATIFS. — 1° CEL et ses dérivés : *aicel, aquel,* m.; — *cella, aicella, aquella ; silh, aicil, aquil,* f.; — *cil, aicil, aquil ; cels, aicels, aquels ; els, los,* m. pl.; — *cellas, aicellas, aquellas, las,* f. pl.;

2° CEST et ses dérivés : *aquest,* m.; — *esta, cesta, aquesta ; ist, cist, aquist,* f.; — *ist, cist, aquist ; est, cest, aquest ; ests, cests, aquests,* m. pl.; — *estas, cestas, aquestas,* f. pl.

Il est à remarquer que *cel* provençal, qui se prononçait *kel* et qui a donné naissance au pronom renforcé *aquel*, est le même que *cel* du vieux français, d'où le français littéraire a tiré *celui*, inusité dans les patois.

Dans le vieux provençal antérieur à l'an 1000, on ne trouve que les thèmes *cel* et *aquel* (v. Raynouard, *Grammaire*) :

Cel non es bos que a frebla scala s te...
Cel no quatra ja per negu torment...
Cellui vai be qui fra mal e jovent...
Cil fa liren qu'el solient ajudar...
Mas **cil** qui poden moniar...
Aquel qui la non estai fermament...
Tot **aquel** libres era de fog ardent...
Ab **aquel** fog s'en pren so vengament...

(Poème sur Boece.)

Conclusion

Les parlers du Midi, par l'emploi du thème *cel*, sont donc d'origine celtique, au même titre que le français littéraire et que les patois du Centre. Mais ils ont été considérés comme aquitains à partir d'Auguste, sans doute parce qu'ils se servaient déjà des pronoms renforcés *aquel* et *aquest* et de l'adverbe *aqui* (là).

Le nom de provençal devrait ê re réservé aux parlers d'entre le Rhône et les Alpes, et le nom d'aquitain aux parlers d'entre le Rhône et les Pyrénées ; on se conformerait ainsi à la fois aux indications de l'histoire et aux faits linguistiques.

Le nom de galais devrait être donné à tout ce qui est foncièrement français.

Le nom de Gaulois devrait être réservé aux fervents de la gaule, aux pêcheurs à la ligne. Il existe ainsi sur les bords de la Loire, et notamment à Nantes, des sociétés de « Gaulois ».

Le nom de Gallois que nous donnons aujourd'hui aux anciens Cambriens est pour eux une appellation dérisoire ; c'est ce nom qu'ils donnaient eux-mêmes à nos pères... et qu'ils nous donnent parfois encore... quand ils ne nous aiment pas.

Les Bretons ne sont pas des Celtes ni des Keltais, puisqu'ils ne savent ce que *cel* veut dire. Ils ne pourraient être que des Isoceltes.

N'est-il pas lamentable, dès lors, de lire chaque jour, dans les journaux français, que M. Lloyd George et ses compatriotes cambriens sont de fins *Gallois* et de vieux *Celtes*, et que nous autres, pauvres gas, nous ne sommes que les descendants des légionnaires romains ou, à tout le moins, leurs héritiers spirituels ?

A quoi aura donc servi la fécondité des femmes galaises, vantée par Strabon, et qui aurait tant besoin d'être rappelée à notre époque de décadence démographique ?

Les philologues ont travaillé depuis des siècles à dépouiller notre patrie de tout, même de son nom et du nom de ses gas ! Grâce à eux, l'histoire de France est fausse, radicalement fausse : elle pèche par les fondations ; elle s'est trompée sur le principe vital de nationalité ; elle a ignoré la véritable histoire du peuple : celle qui se transmet de génération en génération, avec les vocables recueillis des lèvres maternelles et qu'il n'est au pouvoir d'aucun conquérant de modifier, car nulle force humaine ne saurait contraindre un peuple à changer son langage, et s'il faut de grands soldats pour fonder les Empires, ce sont seulement les robustes matrones qui font les nations.

___

Un prochain fascicule sera consacré à l'étude sommaire du *Trésor de l'ancienne langue celtique* (*Alt-Celtischer Sprachschatz*), de Holder, et à la réfutation des étymologies imaginées par d'Arbois de Jubainville.

Nous dévoilerons également des faits peu connus et qui montrent que les théories celtiques, en cours dans l'Université, déforment l'idée de patrie et deviennent pour quelques-uns prétexte à trahison.

Impr. Presse Française, 10, faub. Montmartre.